गीता की कविता

गीता चौधरी

ISBN 979-888569183-3

इस पुस्तक के लिए मैं धन्यवाद करना चाहूँगी अपने पति और अपने बेटे का, जिन्होंने मेरी कविताओं को एक पुस्तक का रूप देने में मेरी सहायता करी और मेरा हर तरीके से पूरा साथ दिया।

क्रम-सूची

क्रम-सूची

भूमिका

मैं गीता चौधरी आप सभी लोगों को समाज की असलियत और लोगों की आज के ज़माने में जो विचारधारा है, उसे समझाने के प्रयत्न के रूप में, इस पुस्तक में मेरी कुछ कवितायेँ संग्रहित कर रही हूँ। मुझे आशा है आप मेरी विचारधारा से सहमत होंगे और एक सकरात्मक सोच की धारा बहाकर, इस समुन्द्र जैसे विशाल समाज में नकरात्मकता के विचारो को मिटाने में अपना सम्पूर्ण योगदान देंगे। धन्यवाद!

1. हे मातृभूमि तुझे प्रणाम

हे मातृभूमि तुझे प्रणाम,
मैं करती हूँ तेरा सम्मान,
यह दुनिया एक पहेली है,
जो तूने ही तो झेली है।

कही देव है कहीं दानव है।
कहीं राक्षस है, कही मानव है।
कहीं व्यभचारी कहीं लाचारी
कहीं हितकारी कहीं दुराचारी,

तेरे ऊर पर पैर जमाये है,
चाहे गोरे, काले, साये है,
सब तेरी ही संतान है,
हे मातृभूमि तुझे प्रणाम।

चाहे साधु हो या संत हो,
चाहे राजा हो या रंक हो,
सब तुझको एक समान है,
निर्बल हो या बलवान है।

हे मातृभूमि तुझे प्रणाम,
हम नहीं सहेंगे तेरा अपमान,
तेरे गर्भ में ख़ज़ाने छिपे हुए,
मानव को कारोबार दिए।

कहीं सोना है कहीं चांदी है,
कही हीरे व जवहाराते है,

कही लोहा और कही पीतल है,
कहीं पेट्रोल कहीं डीज़ल है।

कही कोयले की खान है।
यह सूंदर तेरा जहान है,
कही कल-कल नदिया बहती है,
कही बार्गों में कलियाँ खिलती है।

कही गंगा-यमुना बहती है,
कही काशी नगरी बस्ती है,
यहां चारो तीर्थ धाम है,
यहाँ अमरनाथ कैलाश है।

सब तेरे ऊपर बसे हुए,
सबको आँचल में लिए हुए,
देती ठंडी छाँव है,
कितने तेरे एहसान है।

हिन्दू हो या मुसलमान है,
सब तेरी ही संतान है,
हे मातृभूमि तुझे प्रणाम
मैं करती हूँ तेरा सम्मान।

2. चिड़ियाँ रानी

चिड़ियाँ लाई चोंच में दाना,
खिला रही बच्चो को खाना,
बार-बार मुँह खोले बच्चे,
देखो कितने लगते अच्छे।

चिड़ियाँ फिर फुर्र से उड़ जाती,
चुग-चुग कर फिर दाना लाती,
जब तक पेट नहीं है भरती,
तब तक क्रम जारी है रखती,

ची-ची करके शोर मचाते,
नन्हे बच्चे फिर सो जाते,
फिर चिड़ियाँ उन्हें सहलाती,
पंखो की छाया में रखती,

क्यों न सब चिड़ियाँ से सीखे,
घर-परिवार प्यार से सींचे,
जैसे रहती चिड़ियाँ रानी,
चोंच में लाती दाना-पानी।

3. ढाई अक्षर प्रेम के

ढाई अक्षर प्रेम के पढ़ कर,
जीवन सफल बना ले तू,
ईर्ष्या भाव को त्याग कर मन के,
जीवन सफल बना ले तू।

ना तू मेरी ना तू उसकी,
चुगली का ना जाल बना,
फँस जायेगा एक दिन इसमें,
पछतायेगा तू ही घना।

खोट निकाले तू क्यों पर में,
गिना दोष तू खुद के भी,
ऐसा हो जाए तो यहाँ,
दोषी ना हो कोई भी।

प्रेम की गंगा बहे धरा पर,
भाई चारा बन जाए,
बढे मदद को हाथ यहाँ पर,
एक दूजे काम आये।

अहं-भाव को त्याग कर पहले,
पहल तो हमको करनी होगी,
नीरसता को त्याग कर पहले,
समरसता तो भरनी होगी।

4. बदरा बरसे

ज़ोर-शोर से बदरा बरसे,
झूम-झूम कर नाचे मोर,
टर-टर आकर मेंढक बोले,
पपीहे ने मचाया शोर।

हरियाली छायी पेड़ो पर,
झुक-झुक कर पत्ती गान करे,
फूलों पर है लाली छायी,
कलियाँ भी मुस्कान भरें।

धरती माँ ने प्यास बुझायी,
प्यासी जैसी बरसों से,
दूब घास ने ली अंगड़ाई,
मोती बिखरे पलकों से,

छिपा डाल पर पंछी देखे,
देखे एक झरोके से,
जोर-शोर से बदरा बर से,
बरसे जैसे बरसों से।

5. अनमोल रिश्ते

रिश्ते है अनमोल जगत में,
रिश्तों से तुम प्यार करो,
छोटी-छोटी बातों को ले,
मन में ना तुम बैर करो।

उम्र निकल जाती है सारी,
रिश्तों को बनाने में,
एक पल नहीं लगता है,
रिश्तों को बिगाड़ने में,

चाहे रिश्ता कैसा भी हो,
माँ-बाप या भाई-बहन का,
चाहे रिश्ता कैसा भी हो,
सास-बहु या जमाई का।

दादा-दादी मित्र सखा सब,
होते है अमोल यहाँ,
मन में कटुता लिए हुए तो,
जीना भी दुशवार यहाँ।

जाने भी दो उन बातों को,
जो भी कड़वी बातें हुई,
याद करो उन अच्छे पलों को,
जो भी अच्छी बातें हुई।

रिश्ते है अनमोल जगत में,
रिश्तों से तुम प्यार करो।

6. अंतर्मन करे पुकार

चीख रही है आत्मा,
अंतर्मन करें पुकार,
न्याय दिला दो कोई तो,
उजड़ा मेरा संसार।

लूट गया सब कुछ,
सिसक-सिसक कर रोये मन,
ज़िंदा लाश बन गयी वह,
बेजान बन गया तन।

बेख़ौफ़ घूम रहे लुटेरे,
आबरू करके तार-तार,
सत्ता के मद चूर हुए,
मार दिया घर-परिवार।

यहीं लुटेरे करें बसेरे,
कैसा है इन्साफ यहाँ,
यहाँ की नारी यहाँ नहीं तो,
फिर जाएँगी यह कहाँ।

चीख रही है आत्मा,
अंतर्मन करे पुकार।

7. नन्ही धड़कन

नन्ही धड़कन सुन,
माँ गा रही थी लोरियाँ,
उधर लिंग जांचने की,
हो रही तैयारियाँ,

ना हाथ बने, ना पाँव बने,
ना कोई आकार बना,
कोख में ही खत्म करने का,
क्यों घना षड्यंत्र रचा।

बेटी हूँ, इसीलिए,
क्या बेटी समाज को खतरा है,
इसीलिए, बिखेरा खून का कतरा-कतरा है।

क्या हृदय नहीं यह पत्थर है,
जिसमें कोई रसधार नहीं,
मर गयी तेरी ममता,
जिसमें कोई प्यार नहीं।

क्यों नहीं काँपतें हाथ,
अपना ही खून बहाने से,
सूखा तेरी आँखों का पानी,
जो खत्म करी मेरी कहानी।

मैं भी उड़ना चाहती थी,
मैं भी जीना चाहती थी,
ऐ, माँ क्या तेरी मजबूरी थी,

जो तू मुझे बचा ना सकी।

8. माँ की ममता

माँ तो है ममता की मूरत,
माँ तो है भगवान् की सूरत,
आँख खुली माँ की गोद में आयी,
मंद-मंद माता मुस्काई।

आँचल में है मुझे छुपाया,
बुरी नज़रो से मुझे बचाया,
मैं जागूँ तो माँ भी जागे,
रात-रात आँखों में काटे।

बाँहों का झूला जो बनाया,
झट से माँ ने मुझे सुलाया,
गीले में खुद सोई माँ,
सूखे में है मुझे सुलाया।

माँ के कदमो में है जन्नत,
बच्चों के लिए मांगती मन्नत,
सही गलत का पाठ पढ़ाती,
खुद मार्ग दर्शक बन जाती।

मेरी अनकही बात भी समझती,
क्या है परेशानी मुझसे पूछती,
धन्य है माँ तू और तेरी ममता,
तू दूर हो या पास, तेरा प्यार सदैव बरसता।

9. मन की व्यथा

हर कोशिश की हर रिश्ता निभाने की,
नहीं निभा सकी, रीत इस ज़माने की,
नाकाम रहे जैसे हम हर मोड़ पर,
हम वही रह गए, वे आगे बढ़ गए हमे छोड़कर।

उफ़! तक नहीं निकाला हमने अपने लफ़्ज़ों से,
जलालत मिली हमें, तंज भी सहने लगे,
किसी ओर की करनी हम भोगने लगे,
टूट कर बिखर गए, ज़िन्दगी मुश्किल बनी।

विडंबना अपने भाग्य की कहुँ,
या सहन शक्ति की,
कटु शब्दों का विष पीकर,
जीने की कोशिश में,
ईश्वर की भक्ति की।

रिश्तों से क्या शिकवा करूँ,
शिकवा उस ईश्वर से भी नहीं,
रिश्ता निभाने में कही चूक हमसे हुई,
शिकायत खुद की खुद से करूँ।

10. अपनों से दूर

आज रिश्ते इतने कमजोर हो गए,
अपने ही अपनों से दूर हो गए,
बटवारे की ऐसी काली घटा उठी,
धन की बरसात से रिश्ते भी ढह गए।

माँ-बाप की रोटी का हिसाब लेने लगे,
माँ-बाप भी दो हिस्सों में बट गए,
अपने ही अपनों से दूर हो गए,
खून के रिश्ते पानी के हो गए,
अपने ही अपनों का खून कर गए।

मतभेद की ऐसी कड़वी हवा चली,
भाई-भाई ना रहा, बहन-बहन ना रही,
छोटी-छोटी बातों को बढ़ाते चले गए,
आज रिश्ते इतने कमजोर हो गए,
अपने ही अपनों से दूर हो गए।

11. लो बसंत आ गया

लो बसंत आ गया,
सूखी पतियां सूखे फूल ,
सब झड़ने लगे,
डालियाँ नई-नई कपोलों से भरने लगी,
मस्त पवन बहने लगी,
गाँव व गलियारों में,
छत व बाज़ारों में।

सुगन्धित हवा महकने लगी,
पीताम्बर चुनरिया ओढ़े,
सरसों नृत्य करने लगी,
गुन-गुन करके भौंरों ने,
अपने गान शुरू किये,
जुगनू भी टिम-टिम करके,
आँख मिचौली करने लगे।

उड़ती पतंगे भी आसमान से कहने लगी,
लो बसंत आ गया।

12. ओ पथिक

ओ पथिक क्यों रुक गया तू,
सोच कर राह कठिन,
मंज़िल नहीं मिलती है जब तक,
करता रह तू हर जतन।

मत देख छाले पाँव में,
मत देख काँटे राह में,
मन को बना तू अब सबल,
आलस्य तज, मत हो विकल।

ना देख पीछे मुड़कर तू,
चल आगे बढ़ता चल,
श्रम से बना तकदीर को,
थोड़ी सह तू पीर को,
डगमगा ना तू कदम,
करता रह तू हर प्रत्यत्न।

सोच मंज़िल पास है,
यही सुखद एहसास है,
चलता चल बस चलता चल।

13. छल करना महापाप

छल करना महापाप है,
छल ना करना कोय,
कहती है इंसानियत,
नाम बुरा यही होय।

भला किसी का नहीं करते,
तो बुरा ना करना कोय,
घाव किसी का नहीं भरते,
तो नमक न छिड़को कोय।

सत्य नहीं तुम बोल सको,
तो झूठ बोलना छोड़,
इंसान तुम नहीं बन सकते,
तो शैतान न बनना कोय।

मीठा नहीं तुम बोल सको,
तो कटु वचन भी छोड़,
देख बनावट दूसरी,
कभी ना तुमको सोय।

सबसे बड़ी इंसानियत,
जाती-पाती ना होय,
सबको अपनाती है यह,
मानव जन को सोय।

14. खुली किताबें

खुली किताबें पढ़ो ऐ लोगो,
बंद किताबो में क्या है,
मिल जायेगा सार वह जो,
दुनिया में नित होता है।

बंद किताबों को क्यों रटते,
अमल नहीं कर पाते तुम,
शिक्षा से क्या सीखा तुमने,
पाप जो करते हो निशदिन।

बंद करो ऐसी शिक्षा,
समय ना अब बर्बाद करो,
पाना है यदि लक्ष्य यही तो,
दुनिया से यह पाठ पढ़ो।

मार-काट क्यों नित होती है,
वादों और अपवादों से,
ज्ञान की शिक्षा ले लो तुम भी,
वेदो के संवादों से।

कर्म करो करने से पहले,
जन्म-मरण को याद करो,
दो बातें है छोटी सी यह,
इनको ही तुम याद रखो।

15. समय ही बलवान है

समय का चक्र होता है बलवान,
नहीं रहा है कोई भी समय से अंजान,
नहीं रुका है, नहीं रुकेगा,
समय तो बस चलता रहेगा।

कैद नहीं कर सकता कोई,
रेत की भांति फिसलता है,
बड़े-बड़े का दुःख, संकट को भी,
समय ही तो भुलाता है।

कल तक जो पराये थे,
आज अपना सा लगता है,
जो अपना था आज पराया लगता है,
कभी है अच्छा, कभी है बुरा।

सब समय-समय की चाल है,
कभी होते माला माल,
तो कभी होते कंगाल है।

चाहे रिश्तों से, चाहे पैसो से,
चाहे सीरत से, चाहे सूरत से,
किसी को हँसाता है,
किसी को रूलाता है।

सभी का यही हाल है,
क्योंकि समय ही बलवान है।

16. देश की शान

ऐ भारत के वीर जवान,
तुम तो हो मेरे देश की शान,
भारत माँ के सच्चे सपूत,
तुम्ही तो कहलाते हो,
आतंकियों से रक्षा करके,
देश को बचाते हो।

शत-शत तुमको नमन करें हम,
देते है तुमको सम्मान।

सर्दी-गर्मी कुछ भी हो,
बारिश हो या तूफ़ान हो,
डगमगाते नहीं कदम,
चौकन्ना रहते हरदम,
कितनी भी बाधाएँ आये,
हर मुश्किल में पार हो जाए।

हौंसले होते है बुलंद,
कोटि-कोटि है तुम्हे नमन,
तूफानों में तुम चट्टान,
हँसते-हँसते देश को हो जाते तुम कुर्बान।

ऐ भारत के वीर जवान,
तुम तो हो मेरे देश की शान।

17. सूखा पेड़

बसंत कब आया,
बसंत कब निकल गया,
मुझे क्या पता,
फूल और पत्तियों से,
मेरा नाता टूट गया,
ना ही मेरा कोई श्रृंगार है,
ना ही मुझसे चलती शीतल ब्यार है।

क्यूंकि में ठूंठ हूँ,
आते जाते राही को निहारता हूँ,
दुखी हूँ, द्रवित हूँ,
क्यूंकि मैं ठूंठ हूँ।

कभी हुआ करता था हरा भरा सा पेड़,
फूल और पत्तियों का लग जाता था ढेर,
नई-नई कपोलें आती थी,
डाली-डाली मुस्काती थी।

चिड़ियाँ की चहचहाट सुन,
मैं झूम-झूम इतराता था,
चलता पथिक यहाँ विश्राम करता था,
हरियाली भी शुद्ध हवा भी,
शुद्ध वातावरण था,
अब मैं दुखी हूँ, क्यूंकि मैं ठूंठ हूँ।

18. मेघा बहुत डराते हो

मेघा बहुत डराते हो,
बिन वर्षा उड़ जाते हो,
गरज-गरज कर खूब डराते,
फुर्र से तुम उड़ जाते हो।

धरती प्यासी पीहू प्यासा,
मन तेरा क्यों रुखा-रुखा,
प्यासे को तरसाते हो,
मेघा बहुत डराते हो।

सावन-भादों सूखे-सूखे,
दिन जाए सब रीते-रीते,
हरियाली तो तुमसे होती,
बाग़-बगीचे कलियाँ खिलती।

सोंधी-सोंधी खुशबू उड़ती,
जब मिटटी गीली करते हो,
मेघा बहुत डराते हो,
बिन बारिश उड़ जाते हो।

19. सर्द भरी रात

सर्द भरी इन रातों में,
खुले आसमान की बाहों में,
कम्बल में लिपटा आदमी,
सोने की कोशीश में।

करवट दर करवट बदलता,
कभी ऊँघता कभी खाँसता,
सर्द भरी इन रातों में,
छोटी-छोटी नींद वो लेकर,
सो जाता खर्राटों में।

आहट होती आँख है खुलती,
प्यास भी लगती, भूख भी लगती,
रात के सन्नाटे में।

सर्द भरी इन रातों में,
फिर सोने की कोशिश में।

20. मन की शुद्धि

हे भगवान, हमें दो ज्ञान, हमें दो बुद्धि,
राग द्वेष सब हरके हमसे, तन में दो शुद्धि,
ना जानूं में मानव होकर, गलत करूँ व्यवहार,
कुकर्म की छाया आ गई करने अत्याचार।

भाई को भाई ना समझे, हो गए हम बेडोल,
दादा लाई हिस्सा करते, लिए तराजू तोल,
खून पसीना नहीं बहाते, धन की करें अगवानी,
मोह जाल में फँसकर, हम तो हो गए है बेमानी।

पर जनों की निंदा करते, करते बहुत बुराई,
पाप-दोष स्वयं के छिपाकर, करते बहुत बढ़ाई,
दुःख में साथ न देकर, सुख में टांग अड़ाते,
द्वेष-भाव की छाया में हम, जल-जल कर मर जाते।

ऐसी सजा न हमको देना, दयावान तुम स्वामी,
बुरा किसी का ना चाहे और ना बने अभिमानी,
हँसी-ख़ुशी से जीना सीखें, सीखें भाई चारा,
मेल-जोल से रहे सभी तो बहे प्रेम की धारा।

21. सबकी माता एक है

एक ही धरती माता सबकी,
एक पिता आकाश है,
एक ही चंदा एक ही सूरज,
सबके लिए ये ख़ास है।

प्रकृति ने जो भी दिया है,
हम सबने मिलकर पाया है,
नहीं भेद-भाव किया है किसी में,
कहीं धूप दी तो कहीं छाया है।

फिर जाती-धर्म के नाम पर,
हम क्यों लड़ते-मरते है,
हिन्दू-मुस्लिम सिख ईसाई,
सब भाई-भाई होते है।

बंद करो यह मार काट,
जो तुमको नहीं सुहाता है,
खून गिरा जिसका धरती पर,
रोती धरती माता है।

हम सब माता की संतान है,
हम सब धरती की संतान है।

22. यह ज़िन्दगी हमारी है

आज़ादी के मायने होते है,
ना रोकना ना टोकना,
अपनी मर्ज़ी से,
यहाँ वहाँ घूमना,
एक आज़ाद पंछी की तरह,
खुले आसमान में उड़ना।

बेख़ौफ़ एक लड़की का,
घर से बाहर निकलना,
अपने हक़ के लिए लड़ना,
ना हो लोगों की घूरती आँखें,
ना हो घुटन भरी सांसें।

दहेज़ की भेंट कोई,
ज़िन्दगी ना चढ़े,
ना हो परिश्रम की बेड़ियों में,
कोई बचपन ना जकड़े।

सभी अपने सपने पूरे करें,
किसी के हाथ की,
कोई कठपुतली ना बने,
कामयाबी के रास्ते पे,
आगे बढ़ते चलो,
ना कोई रोकने वाला हो,
ना कोई टोकने वाला हो,
क्यूंकि यह ज़िन्दगी हमारी है।

23. नारी तेरे रूप अनेक

नारी तेरे रूप अनेक,
अपने मन की सुनके देख,
हर रिश्ते की माला है तू,
क्रोधित है तो ज्वाला है तू।

अपने मन की सुनके देख,
नारी तेरे रूप अनेक।

कभी तू अबला, कभी तू सबला,
कभी मोम सी है तू पिघलती,
कभी क्रोध की ज्वाला बनती,
हर रिश्ते में तू है ढलती।

फिर भी तू लगती है एक,
नारी तेरे रूप अनेक।

दो-दो कुल की लाज बचाती,
हर कटु दंश सह जाती,
हर पिता का गौरव है तू,
मान भी तू सम्मान भी तू।

तूने ऐसे काम किये,
हर क्षेत्र में आगे है तू,
पर्वत भी तूने लाँघ दिए।

अपने मन की सुनके देख,
नारी तेरे रूप अनेक।

24. दिल का दर्द

दर्द जो दिल में छिपा है,
आँसूओ से कहता है,
सैलाब बनकर मत बहना,
दिल में तुम्हे उतरना है,
कमजोर नहीं तू अब संभल,
संघर्ष तुझे ही करना है।

भीड़ में हो जब अकेला,
महसूस क्या कर पायेगा,
कौन है अपना कौन पराया,
देख क्या तू पायेगा।

पीर पराई क्या जाने,
जब दिल पत्थर का होता है,
दुःख पर दुःख देकर भी,
बार-बार वह हँसता है।

नहीं ज़रूरत सहने की,
नहीं ज़रूरत लड़ने की,
मन को बना तू अब सबल,
नहीं होगा तू विफल।

फिर जीत तू ही पायेगा,
और मुस्कुराएगा।

25. मेरा झंडा

सबसे अच्छा मेरा झंडा,
सबसे सच्चा मेरा झंडा,
शांति का प्रतीक कहलाये,
सबके मन में प्रीत जगाये।

देश का गौरव है झंडा,
देश का सम्मान है झंडा,
लहर-लहर लहराए तिरंगा,
मन हो जाता है चंगा।

सबसे अच्छा मेरा झंडा,
सबसे ऊँचा मेरा झंडा,
भारत की यह शान है झंडा,
भारत का यह मान है झंडा।

एकता का सन्देश है देता,
सब लोगों को जोड़े रखता,
सदा ही सिर ऊँचा रखता,
स्वाभिमान से जीना सिखाता।

वीरों की यह जान है झंडा,
देश की यह शान है झंडा,
देश की पहचान है झंडा,
सबसे ऊँचा मेरा झंडा।

26. झूला झूले

आओ सखी हम झूला झूले,
पेंग बढाकर नभ को छू ले,
झूला जब ऊपर को जाए,
मेरा आँचल भी लहराए।

सावन की मल्हारें गाये,
मिलकर सखी हम तीज मनाये,
सोलह और श्रृंगार किये,
मेहँदी से हाथ लाल किये।

झूला जब ऊपर को जाए,
हाथों की चूड़ियाँ भी खनखनायें,
आओ सखी हम झूला झूले,
डाली भी झुक-झुक जाये,
सखियों संग यह भी इतरायें।

हृदय के पट ऐसे खोले,
राग-द्वेष सखी हम सब भूले,
आओ सखी हम झूला झूले,
पेंग बढाकर नभ को छू ले।

27. मैं हवा हूँ

मैं हवा हूँ, मुझे किसी ने नहीं देखा,
मैं महसूस कराती हूँ,
की मैं चल रही हूँ,
सर्दियों में ठिठुरन को बढ़ाती हूँ,
गर्मियों में लू बन जाती हूँ,
छाँव में बैठे राही को सहलाती हूँ,
ढलकते पसीने को सुखाती हूँ।

मैं हवा हूँ,
नहीं रोक सकता कोई,
मुझे आगे बढ़ने से,
बंद दरवाज़ों में भी,
घुस जाती हूँ खिड़की व दरारों से,

मैं स्वभाव से चंचल हूँ,
मैं मस्त हूँ, मैं हवा हूँ।

28. कान के कच्चे

अपनी कहना दूसरों की सुन्ना,
समझदार का काम है,
छोटी-छोटी बातों को सुन,
नहीं करते बदनाम है।

मज़ाक ना समझो इन रिश्तों को,
ढाल हमारी होते है,
बुरे वक़्त में आकर,
साथ हमारे होते है।

कान के कच्चे चुगली करते,
मुख पर मुखौटा रखते है,
मीठी-मीठी बातें कर,
हृदय में उतरते रहते है।

तेरे मुँह पर तेरी सी,
मेरे मुँह पर मेरे सी,
ओछी बातें कर-कर के,
परिवार बिखेरा करते है।

29. पैसों का पेड़

तकलीफों से घिरा आदमी,
अभावों में पला आदमी,
मस्तक पर दोनों हाथ रखे,
चिंताओं में घिरा आदमी।

सोचा कहाँ से पैसा लाऊँ,
क्या पैसों का पेड़ लगाऊँ,
तब कहीं उसने मिटटी खोदी,
और वहाँ पर पैसे बोये।

निशदिन की उसकी रखवाली,
खाद और पानी से सींचे।

गलती से वहाँ उग आया गूलर का पेड़,
लगा नाचने देख यह उग आया पैसों का पेड़,
मेहनत से किये रात दिन एक,
पेड़ में शाखाएं फूटी अनेक।

डाली-डाली पर लद गए इतने गूलर,
चाँदी सा दिखने लगा गूलर का पेड़।

हाट-बाठ वह लगा बेचने,
लग गया पैसों का ढेर,
तब उसकी समझ में आया,
यही तो है पैसों का पेड़।